Goethe, Johann Wolfgnag von

Goetz von Berlichingen

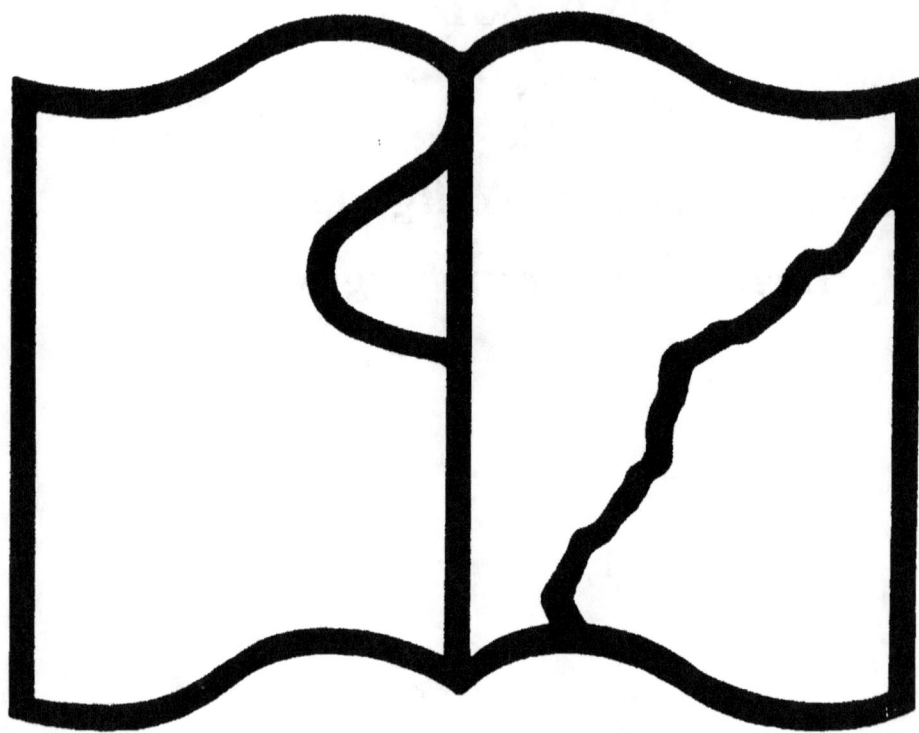

**Symbole applicable
pour tout, ou partie
des documents microfilmés**

Texte détérioré — reliure défectueuse

NF Z 43-120-11

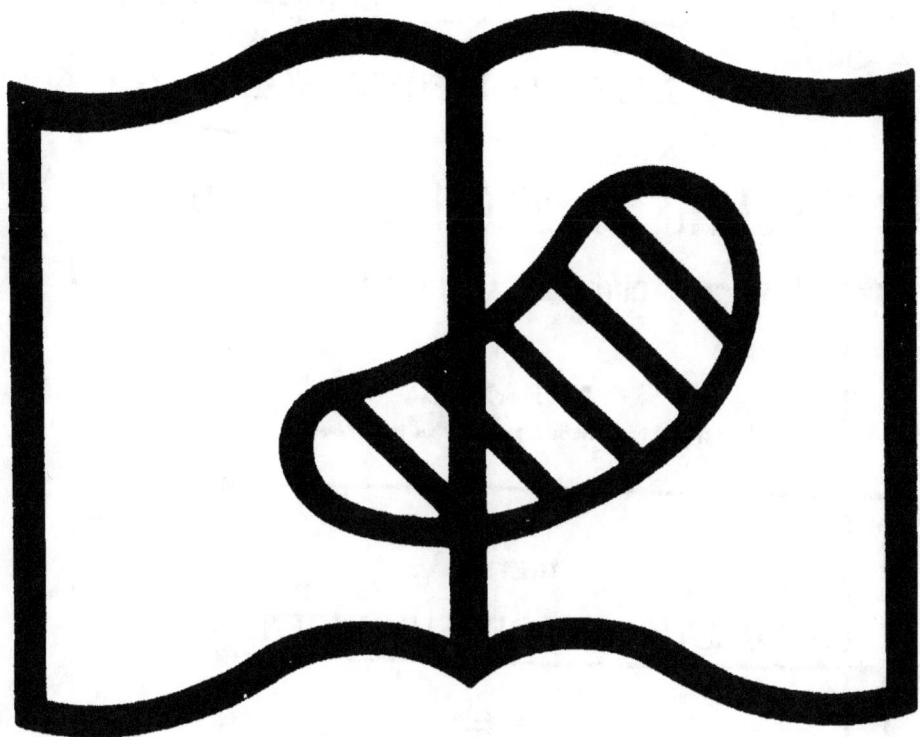

Symbole applicable
pour tout, ou partie
des documents microfilmés

Original illisible

NF Z 43-120-10

LES CHEFS-D'ŒUVRE

DU

THÉATRE CLASSIQUE ALLEMAND

CHOIX ET ANALYSES

PAR

A. FANTA

Agrégé de l'Université, professeur au lycée Fénelon

I

GŒTHE

GŒTZ VON BERLICHINGEN

PARIS

LIBRAIRIE LÉOPOLD CERF

13, RUE DE MÉDICIS, 13

60 centimes.

LES CHEFS-D'ŒUVRE

DU

THÉATRE CLASSIQUE ALLEMAND

I

GŒTHE

GŒTZ VON BERLICHINGEN

VERSAILLES

CERF ET FILS, IMPRIMEURS

RUE DUPLESSIS, 59

LES CHEFS-D'ŒUVRE

DU

THÉATRE CLASSIQUE ALLEMAND

CHOIX ET ANALYSES

PAR

A. FANTA

Agrégée de l'Université, professeur au lycée Fénelon

I

GŒTHE

GŒTZ VON BERLICHINGEN

PARIS

LIBRAIRIE LÉOPOLD CERF

13, RUE DE MÉDICIS, 13

PRÉFACE

L'analyse et les extraits de *Gœtz de Berlichingen,* que nous présentons au public, for-
ment le premier fascicule d'une série d'analyses
et d'extraits semblables des pièces de Gœthe et
de Schiller, destinées aux élèves de 4°, 5° et
6° années des lycées de jeunes filles. Tous les professeurs d'allemand se plaignent de la difficulté
qu'ils éprouvent à faire connaître sérieusement
le théâtre allemand à leurs élèves, de la nécessité
où ils se trouvent, à cause du nombre, de la lon-
gueur et du caractère même de ces pièces, de se
borner à expliquer éternellement *Iphigénie* et
Guillaume Tell, en y ajoutant quelques notions
sur les beautés incomparables du *Tasse* ou de
Marie Stuart. Mais la simple analyse des pièces,
même accompagnée de quelques citations, ne peut

suppléer à leur étude directe, et, d'un autre côté,
la lecture suivie d'une pièce tout entière n'est
pas indispensable pour en faire connaître les
beautés. Il nous a semblé que ce serait rendre
un réel service aux professeurs et aux élèves que
de mettre entre leurs mains des extraits des prin-
cipaux chefs-d'œuvre du théâtre allemand, reliés
par un texte analytique très simple, qui permette
de bien comprendre le sens général du drame et
les caractères des personnages, les situations aux-
quelles se rapportent les scènes choisies. On
pourra ainsi varier et multiplier les lectures et
faire connaître aux élèves des pièces qu'on pour-
rait hésiter à leur recommander de lire en entier.

Ce que nous avons fait pour *Gœtz,* nous nous
proposons de le faire successivement pour *Iphigénie, Egmont, le Tasse* et même *Faust* ; puis,
pour *Don Carlos, Marie Stuart, Jeanne d'Arc,
Wallenstein* et *Guillaume Tell.* Si ces extraits
sont bien accueillis, nous pourrons les faire suivre
d'extraits du théâtre de Lessing. Ces études, pu-
bliées d'abord en fascicules séparés, seront réunies
plus tard et formeront trois volumes, comprenant
le théâtre de Gœthe, Schiller et Lessing. En les
publiant, nous ne songeons pas seulement aux

jeunes filles, mais aussi à leurs frères, qui pour-
ront, les uns et les autres, se former plus rapide-
ment une idée large et précise des plus nobles
productions du génie dramatique de l'Allemagne.

Nous serons heureux si nos collègues dans l'enseignement des langues vivantes, après avoir em-
ployé ces petits livres, nous communiquent les
résultats de leur expérience et nous donnent un
avis sincère sur la poursuite de notre entreprise
et sur les modifications utiles qui pourraient y être
apportées.

A. FANTA.

GOETZ VON BERLICHINGEN

Perfonen.

Kaifer Maximilian.
Götz von Berlichingen.
Elifabeth, feine Frau.
Maria, feine Schwefter.
Carl, fein Söhnchen.
Georg, fein Bube.
Bifchof von Bamberg.
Weislingen.
Adelheit von Walldorf, an des Bifchofs Hof.
Liebetraut.
Abt von Fulda.
Olearius, beider Rechte Doctor.
Bruder Martin.
Hans von Selbitz.
Franz von Sickingen.
Lerfe.
Franz, Weislingens Bube.
Kammerfräulein der Adelheit.
Metzler, Sievers, Link, Kohl, Wild, Anführer der rebel-
    lifchen Bauern.
Hoffrauen, Hofleute am Bamberg'fchen Hofe.
Kaiferliche Räthe.
Rathsherrn von Heilbronn.
Richter des heimlichen Gerichts.
Zwei Nürnberger Kaufleute.
Max Stumpf, Pfalzgräflicher Diener.
Ein Unbekannter.
Brautvater, } Bauern.
Bräutigam, }
Berliching'fche, Weisling'fche, Bamberg'fche Reiter.
Hauptleute, Officiere, Knechte von der Reichsarmee.
Schenkwirth.
Gerichtsdiener.
Heilbronner Bürger.
Stadtwache.
Gefängnißwärter.
Bauern.
Zigeunerhauptmann.
Zigeuner.
Zigeunerinnen.

———

EINLEITUNG

Götz von Berlichingen mit der eisernen Hand ist ein
Ritter des 16ten Jahrhunderts (1480-1562), dessen Leben durch kriegerische Thaten berühmt ist. Er selbst
hat in seiner Autobiographie seine Abenteuer geschil-
dert. Göthe las dieses erst 1731 erschienene Buch
und fand darin den Stoff zu seinem ersten Meister-
werk; er ging zu seiner Mutter um ihr seine Begeis-
terung mitzutheilen : Mutter, sagte er, ich habe ein
schönes Buch gefunden und mache ein Theaterstück
daraus, und die Philister werden grosse Augen
machen. Seiner Schwester Cornelie erzählte er viel
von seinem Plan. Sie bat ihn sich an die Arbeit zu
machen; er begann in den ersten Tagen von No-
vember 1771, las seiner Schwester die ersten Scenen,
die sie schön fand, aber spottend bezweifelte sie seine
Ausdauer. Göthe arbeitete umso emsiger, und nach

sechs Wochen war sein Drama fertig. Nach Herders
und Mercks Rath, bearbeitete er es für die Bühne —
wo es 1773 einen grossen Erfolg hatte. — Der junge
Dichter hatte grossen Gefallen an dem heldenmüthigen,
freien Karakter von Götz gefunden; in ihm perso-
nifiziert er das sterbende Ritterthum jene stolzen
Lehnsherren, die selbst dem Kaiser Trotz bieten,
wenn er ihr Faustrecht nicht in Ehren hält.

GŒTZ VON BERLICHINGEN

Ein Schauspiel in fünf Aufzügen

Der Dichter versetzt uns gleich inmitten der Fehden, die Deutschland unter Maximilian (1519) theilten. In einer Herberge in Franken treffen rebellische Bauern, die mit Götz halten, mit Reitern zusammen, die mit Weislingen und dem Bischof von Bamberg sind. Es gibt Händel und der Wirth beschwichtigt sie. Mit Shakespearischer Freiheit führt uns der zweite Auftritt in den Wald. Götz lauert auf Weislingen, seinen ehemaligen Freund, den der Ehrgeiz zu dem Feind übergehen liess.

Herberge im Wald.

Götz (vor der Thüre unter der Linde). Wo meine Knechte bleiben! Auf und ab muß ich gehen, sonst übermannt mich der Schlaf. Fünf Tag' und Nächte schon auf der Lauer. Es wird Einem sauer gemacht, das bischen Leben und Freiheit. Dafür, wenn ich dich habe, Weislingen, will ich mir's wohl sein lassen. (Schenkt ein.) Wieder leer! Georg! So lang's daran nicht mangelt und an frischem Muth, lach' ich der Fürsten Herrschsucht und Ränke — Georg! — Schickt ihr nur euern

2

gefälligen Weislingen herum zu Vettern und Gevattern, laßt
mich anschwärzen! Nur immer zu! Ich bin wach. Du warst
mir entwischt, Bischof! So mag denn dein lieber Weislingen
die Zeche bezahlen. — Georg! Hört der Junge nicht? Georg!
Georg!

Der Bube (im Panzer eines Erwachsenen). Gestrenger Herr!

Götz. Wo steckst du? Hast du geschlafen? Was zum Henker
treibst du für Mummerei? Komm' her! du siehst gut aus.
Schäm' dich nicht, Junge! Du bist brav! Ja, wenn du ihn
ausfülltest! Es ist Hansens Küraß?

Georg. Er wollt' ein wenig schlafen und schnallt' ihn aus.

Götz. Er ist bequemer als sein Herr.

Georg. Zürnt nicht! Ich nahm ihn leise weg und legt' ihn
an, und holte meines Vaters altes Schwert von der Wand,
lief auf die Wiese und zog's aus.

Götz. Und hiebst um dich herum! Da wird's den Hecken und
Dornen gut gegangen sein. Schläft Hans?

Georg. Auf euer Rufen sprang er auf und schrie mir, daß
ihr rieft. Ich wollt' den Harnisch ausschnallen, da hört' ich
euch zwei-, dreimal.

Götz. Geh'! bring' ihm seinen Panzer wieder und sag' ihm,
er soll bereit sein, soll nach den Pferden sehen.

Georg. Die hab' ich recht ausgefüttert und wieder aufge=
zäumt. Ihr könnt aufsitzen, wann ihr wollt.

Götz. Bring' mir einen Krug Wein, gieb Hansen auch ein
Glas, sag' ihm, er soll munter sein, es gilt. Ich hoffe jeden
Augenblick, meine Kundschafter sollen zurückkommen.

Georg. Ach, gestrenger Herr!

Götz. Was hast du?

Georg. Darf ich nicht mit?

Götz. Ein andermal, Georg, wann wir Kaufleute fangen und Fuhren wegnehmen.

Georg. Ein andermal, das habt ihr schon oft gesagt. O diesmal! diesmal! Ich will nur hinten drein laufen, nur auf der Seite lauern. Ich will euch die verschoßene Bolzen wieder holen.

Götz. Das nächste Mal, Georg. Du sollst erst ein Wamms haben, eine Blechhaube und einen Spieß.

Georg. Nehmt mich mit! Wär' ich letzt dabei gewesen, ihr hättet die Armbrust nicht verloren.

Götz. Weißt du das?

Georg. Ihr warft sie dem Feind an Kopf, und einer von den Fußknechten hob sie auf; weg war sie! Gelt ich weiß?

Götz. Erzählen dir das meine Knechte?

Georg. Wohl! Dafür pfeif' ich ihnen auch, wann wir die Pferde striegeln, allerlei Weisen, und lerne sie allerlei lustige Lieder.

Götz. Du bist ein braver Junge.

Georg. Nehmt mich mit, daß ich's zeigen kann!

Götz. Das nächste Mal, auf mein Wort. Unbewaffnet, wie du bist, sollst du nicht in Streit. Die künftigen Zeiten brauchen auch Männer. Ich sage dir, Knabe, es wird eine theure Zeit werden: Fürsten werden ihre Schätze bieten um einen Mann, den sie jetzt hassen. Geh', Georg, gieb Hansen seinen Küraß wieder, und bring' mir Wein. (Georg ab.)

Ein Mönch, Bruder Martin, kommt vorüber; Götz spricht mit ihm und giebt sich zu erkennen, worauf der Mönch seine eiserne Hand voll Bewunderung küsst und segnet.

· Die nächste Scene versetzt uns in Götzens Burg zu Jaxthausen.

———

Jaxthausen.

Götzens Burg.

Elisabeth, seine Frau. Maria, seine Schwester. Carl, sein Söhnchen.

Carl. Ich bitte dich, liebe Tante, erzähl' mir das noch einmal vom frommen Kind; 's ist gar zu schön.

Maria. Erzähl' du mir's, kleiner Schelm, da will ich hören, ob du Acht giebst.

Carl. Warte bis, ich will mich bedenken. — Es war einmal — ja — es war einmal ein Kind, und sein' Mutter war krank, da ging das Kind hin —

Maria. Nicht doch. Da sagte die Mutter: Liebes Kind —

Carl. Ich bin krank —

Maria. Und kann nicht ausgehen —

Carl. Und gab ihm Geld und sagte: Geh' hin, und hol' dir ein Frühstück. Da kam ein armer Mann —

Maria. Das Kind ging, da begegnet' ihm ein alter Mann, der war — nun, Carl!

Carl. Der war — alt —

Maria. Freilich! der kaum mehr gehen konnte, und sagte: Liebes Kind —

Carl. Schenk' mir was! ich hab' kein Brod gessen gestern und heut. Da gab ihm's Kind das Geld —

Maria. Das für sein Frühstück sein sollte.

Carl. Da sagte der alte Mann —

Maria. Da nahm der alte Mann das Kind —

Carl. Bei der Hand, und sagte — und ward ein schöner, glänziger Heiliger, und sagte: Liebes Kind —

Maria. Für deine Wohlthätigkeit belohnt dich die Mutter Gottes durch mich: welchen Kranken du anrührst —

Carl. Mit der Hand — es war die rechte, glaub' ich —

Maria. Ja.

Carl. Der wird gleich gesund.

Maria. Da lief das Kind nach Haus und konnt' für Freuden nichts reden.

Carl. Und fiel seiner Mutter um den Hals und weinte für Freuden —

Maria. Da rief die Mutter: Wie ist mir! und war — nun, Carl!

Carl. Und war — und war —

Maria. Du giebst schon nicht Acht! — und war gesund. Und das Kind curirte König und Kaiser, und wurde so reich, daß es ein großes Kloster baute.

Elisabeth. Ich kann nicht begreifen, wo mein Herr bleibt. Schon fünf Tag' und Nächte, daß er weg ist, und er hoffte so bald seinen Streich auszuführen.

Maria. Mich ängstigt's lang. Wenn ich so einen Mann haben sollte, der sich immer Gefahren aussetzte, ich stürbe im ersten Jahr.

Elisabeth. Dafür dank' ich Gott, daß er mich härter zusammengesetzt hat.

Carl. Aber muß dann der Vater ausreiten, wenn's so gefährlich ist?

Maria. Es ist sein guter Wille so.

Elisabeth. Wohl muß er, lieber Carl.

Carl. Warum?

Elisabeth. Weißt du noch, wie er das letztemal ausritt, da er dir Weck mitbrachte?

Carl. Bringt er mir wieder mit?

Elisabeth. Ich glaub' wohl. Siehst du, da war ein Schneider von Stuttgart, der war ein trefflicher Bogenschütz, und hatte zu Cöln auf'm Schießen das Beste gewonnen.

Carl. War's viel?

Elisabeth. Hundert Thaler. Und darnach wollten sie's ihm nicht geben.

Maria. Gelt, das ist garstig, Carl.

Carl. Garstige Leut'!

Elisabeth. Da kam der Schneider zu deinem Vater, und bat ihn, er möchte ihm zu seinem Geld verhelfen. Und da ritt er aus und nahm den Cölnern ein paar Kaufleute weg, und plagte sie so lang, bis sie das Geld herausgaben. Wärest du nicht auch ausgeritten?

Carl. Nein! da muß man durch einen dicken, dicken Wald, sind Zigeuner und Hexen drin.

Elisabeth. Ist ein rechter Bursch, fürcht't sich vor Hexen.

Maria. Du thust besser, Carl, leb' du einmal auf deinem Schloß, als ein frommer christlicher Ritter. Auf seinen eigenen Gütern findet man zum Wohlthun Gelegenheit genug. Die rechtschaffensten Ritter begehen mehr Ungerechtigkeit als Gerechtigkeit auf ihren Zügen.

Elisabeth. Schwester, du weißt nicht, was du red'st. Gebe nur Gott, daß unser Junge mit der Zeit braver wird, und dem Weislingen nicht nachschlägt, der so treulos an meinem Mann handelt.

Maria. Wir wollen nicht richten, Elisabeth. Mein Bruder

ift ſehr erbittert, du auch. Ich bin bei der ganzen Sache mehr
Zuſchauer, und kann billiger ſein.

Eliſabeth. Er iſt nicht zu entſchuldigen.

Maria. Was ich von ihm gehört, hat mich eingenommen.
Erzählte nicht ſelbſt dein Mann ſo viel Liebes und Gutes von
ihm! Wie glücklich war ihre Jugend, als ſie zuſammen Edel=
knaben des Markgrafen waren!

Eliſabeth. Das mag ſein! Nur ſag', was kann der Menſch
je Gutes gehabt haben, der ſeinem beſten, treuſten Freunde
nachſtellt, ſeine Dienſte den Feinden meines Mannes verkauft,
und unſern trefflichen Kaiſer, der uns ſo gnädig iſt, mit
falſchen, widrigen Vorſtellungen einzunehmen ſucht!

Carl. Der Vater! der Vater! der Thürner bläſ't's Liedel:
Heiſa, mach's Thor auf.

Götz kommt zurück von ſeinem Feldzug; er hat
Weislingen gefangen genommen und führt ihn mit
ſich heim; er ſucht ihn zu tröſten, zu ermuntern,
erinnert ihn an beſſere Zeiten, an ihre gemeinſamen
Jugendfreuden; er verſucht ihm ſeine eigene Freiheit
und Unabhängigkeit anzupreiſen und möchte ihn ver-
leiten dem Hof Bamberg und ſeiner goldenen Knecht-
ſchaft zu entſagen, Weislingen aber ringt nach Für-
ſtengunſt; er bleibt finſter und verſchloſſen und will
nichts hören. Bald aber von der rührenden Bieder-
keit des redlichen Freundes erweicht, giebt er beſſern
Gefühlen Platz, und die Sanftmuth Mariens gewinnt
vollſtändig ſein Herz. Er hält um ihre Hand an, die
ihm freudig bewilligt wird. Indeſſen erfährt der Bi-
ſchof von Bamberg die Gefangenſchaft ſeines Lieb-

lings; er sendet Franz aus und empfiehlt ihm auf's Wärmste Alles aufzubieten um Weislingen zurückzuführen. Dieser aber will nichts hören, obgleich Franz ihm viel Schönes von einer jungen Wittwe, — Adelheit von Walldorf erzählt, die vor Kurzem an den Hof kam und ihn grüssen lässt. Bald kommt ein zweiter Gesandte, Liebetraut, der beredter ist; unter dem Vorwand nöthiger Anwesenheit in Bamberg, geht Weislingen dahin. Adelheids Reize fesseln ihn und er wird Götzen und Marien untreu.

Man erzählt es dem Götz der es nicht glauben will und seinen treuen Buben Georg hinschickt.

Im Spessart.

Götz. Selbitz. Georg.

Selbitz. Ihr seht, es ist gegangen, wie ich gesagt habe.

Götz. Nein! Nein! Nein!

Georg. Glaubt, ich berichte euch mit der Wahrheit. Ich that, wie ihr befahlt, nahm den Kittel des Bambergischen und sein Zeichen, und damit ich doch mein Essen und Trinken verdiente, geleitete ich Reineckische Bauern hinauf nach Bamberg.

Selbitz. In der Verkappung? Das hätte dir übel gerathen können.

Georg. So denk' ich auch hintendrein. Ein Reitersmann, der das voraus denkt, wird keine weiten Sprünge machen. Ich kam nach Bamberg, und gleich im Wirthshaus hörte ich erzählen, Weislingen und der Bischof seien ausgesöhnt, und man red'te viel von einer Heirath mit der Wittwe des von Walldorf.

Götz. Gespräche!

Georg. Ich sah ihn', wie er sie zur Tafel führte. Sie ist schön, bei meinem Eid, sie ist schön. Wir bückten uns Alle, sie dankte uns Allen, er nickte mit dem Kopf, sah sehr vergnügt, sie gingen vorbei, und das Volk murmelte: Ein schönes Paar!

Götz. Das kann sein.

Georg. Hört weiter! Da er des andern Tags in die Messe ging, paßt' ich meine Zeit ab. Er war allein mit einem Knaben. Ich stund unten an der Treppe und sagte leise zu ihm: Ein paar Worte von eurem Berlichingen. Er ward bestürzt; ich sah das Geständniß seines Lasters in seinem Gesicht, er hatte kaum das Herz, mich anzusehen, mich, einen schlechten Reitersjungen.

Selbitz. Das macht, sein Gewissen war schlechter als dein Stand.

Georg. Du bist Bambergisch? sagt' er. Ich bring' einen Gruß vom Ritter Berlichingen, sagt' ich, und soll fragen — Komm morgen früh, sagt' er, an mein Zimmer, wir wollen weiter reden.

Götz. Kamst du?

Georg. Wohl kam ich, und mußt im Vorsaal stehen, lang, lang. Und die seidnen Buben beguckten mich von vorn und hinten. Ich dachte, guckt ihr! — Endlich führte man mich hinein, er schien böse, mir war's einerlei. Ich trat zu ihm und sagte meine Commission. Er that feindlich böse, wie einer, der kein Herz hat und 's nit will merken lassen. Er verwunderte sich, daß ihr ihn durch einen Reitersjungen zur Rede setzen

ließt. Das verdroß mich. Ich sagte, es gebe nur zweierlei
Leut', brave und Schurken, und ich diente Götzen von Ber=
lichingen. Nun fing er an, schwaßte allerlei verkehrtes Zeug,
das darauf hinaus ging, ihr hättet ihn übereilt, er sei euch
keine Pflicht schuldig, und wolle nichts mit euch zu thun
haben.

    Götz. Hast du das aus seinem Munde?

    Georg. Das und noch mehr. — Er drohte mir —

    Götz. Es ist genug! Der wäre nun auch verloren! Treu'
und Glaube, du hast mich wieder betrogen. Arme Marie! Wie
werd' ich dir's beibringen!

    Selbiß. Ich wollte lieber mein ander Bein dazu verlieren,
als so ein Hundsfott sein.   (Ab.)

Durch neue Ränke und Kabalen wird Weislingen
vollends zum Verräther; nicht nur er verlässt Götz
und Marie, sondern er lässt sich nach Augsburg
senden um dem Kaiser zuzureden Götz, Selbitz und
Sickingen in Acht zu erklären.

Dritter Act.

Augsburg.

Ein Garten.

Zwei Nürnberger Kaufleute.

Erster Kaufmann. Hier wollen wir stehen; denn da muß
der Kaiser vorbei. Er kommt eben den langen Gang herauf.

Zweiter Kaufmann. Wer ist bei ihm?

Erſter Kaufmann. Adelbert von Weislingen.

Zweiter Kaufmann. Bamberg's Freund! Das iſt gut.

Erſter Kaufmann. Wir wollen einen Fußfall thun, und ich will reden.

Zweiter Kaufmann. Wohl! da kommen ſie.

Kaiſer. Weislingen.

Erſter Kaufmann. Er ſieht verdrießlich aus.

Kaiſer. Ich bin unmuthig, Weislingen, und wenn ich auf mein vergangenes Leben zurückſehe, möcht' ich verzagt wer= den! ſo viel halbe, ſo viel verunglückte Unternehmungen! Und das Alles, weil kein Fürſt im Reich ſo klein iſt, dem nicht mehr an ſeinen Grillen gelegen wäre als an meinen Gedanken.

(Die Kaufleute werfen ſich ihm zu Füßen.)

Kaufmann. Allerdurchlauchtigſter! Großmächtigſter.

Kaiſer. Wer ſeid ihr? Was giebt's?

Kaufmann. Arme Kaufleute von Nürnberg, Eurer Maje= ſtät Knechte, und flehen um Hülfe. Götz von Berlichingen und Hans von Selbitz haben unſer Dreißig, die von der Frank= furter Meſſe kamen, im Bambergiſchen Geleite niedergeworfen und beraubt; wir bitten Eure Kaiſerliche Majeſtät um Hülfe, um Beiſtand, ſonſt ſind wir alle verdorbene Leute, genöthigt, unſer Brod zu betteln.

Kaiſer. Heiliger Gott! Heiliger Gott! Was iſt das? Der Eine hat nur eine Hand, der Andere nur ein Bein! wenn ſie denn erſt zwei Hände hätten und zwei Beine, was wolltet ihr dann thun?

Kaufmann. Wir bitten Eure Majeſtät unterthänigſt, auf unſere bedrängten Umſtände ein mitleidiges Auge zu werfen.

Kaiser. Wie geht's zu! Wenn ein Kaufmann einen Pfeffer= sack verliert, soll man das ganze Reich aufmahnen; und wenn Händel vorhanden sind, daran Kaiserlicher Majestät und dem Reich viel gelegen ist, daß es Königreich, Fürstenthum, Her= zogthum und anders betrifft, so kann euch kein Mensch zusam= menbringen.

Weislingen. Ihr kommt zur ungelegenen Zeit. Geht und verweilt einige Tage hier.

Kaufleute. Wir empfehlen uns zu Gnaden.   (Ab.)

Kaiser. Wieder neue Händel. Sie wachsen nach wie die Köpfe der Hydra.

Weislingen. Und sind nicht auszurotten, als mit Feuer und Schwert, und einer muthigen Unternehmung.

Kaiser. Glaubt ihr?

Weislingen. Ich halte nichts für thunlicher, wenn Eure Majestät und die Fürsten sich über andern unbedeutenden Zwist vereinigen könnten. Es ist mit nichten ganz Tentsch= land, das über Beunruhigung klagt. Franken und Schwaben allein glimmt noch von den Resten des innerlichen, verderb= lichen Bürgerkriegs. Und auch da sind viele der Edeln und Freien, die sich nach Ruhe sehnen. Hätten wir einmal diesen Sickingen, Selbitz — Berlichingen auf die Seite geschafft, das Übrige würde bald von sich selbst verfallen: denn sie sind's, deren Geist die aufrührerische Menge belebt.

Kaiser. Ich möchte die Leute gern schonen, sie sind tapfer und edel. Wenn ich Krieg führte, müßten sie mit mir zu Felde.

Weislingen. Es wäre zu wünschen, daß sie von jeher ge= lernt hätten, ihrer Pflicht zu gehorchen. Und dann wär' es höchst gefährlich, ihre aufrührerischen Unternehmungen durch Ehrenstellen zu belohnen. Denn eben diese Kaiserliche Mild' und Gnade ist's, die sie bisher so ungeheuer mißbrauchten, und ihr Anhang, der sein Vertrauen und Hoffnung darauf setzt, wird nicht eher zu bändigen sein, bis wir sie ganz vor den Augen der Welt zu nichte gemacht, und ihnen alle Hoffnung, jemals wieder empor zu kommen, völlig abgeschnitten haben.

Kaiser. Ihr rathet also zur Strenge?

Weislingen. Ich sehe kein ander Mittel, den Schwindel=geist, der ganze Landschaften ergreift, zu bannen. Hören wir nicht schon hier und da die bittersten Klagen der Edeln, daß ihre Unterthanen, ihre Leibeigenen sich gegen sie auflehnen und mit ihnen rechten, ihnen die hergebrachte Oberherrschaft zu schmälern drohen, so daß die gefährlichsten Folgen zu fürchten sind?

Kaiser. Jetzt wäre eine schöne Gelegenheit wider den Ber=lichingen und Selbitz, nur wollt' ich nicht, daß ihnen was zu Leide geschehe. Gefangen möcht' ich sie haben, und dann müß=ten sie Urfehde schwören, auf ihren Schlössern ruhig zu bleiben und nicht aus ihrem Bann zu gehen. Bei der nächsten Session will ich's vortragen.

Weislingen. Ein freudiger, beistimmender Zuruf wird Eurer Majestät das Ende der Rede ersparen. (Ab.)

Von diesem Augenblicke an ist Götz verloren; Weis-lingen ist im Gefühl seiner Schwäche, seiner Feigheit und seines Verrathes gegen Götz erbost und ruht nicht bis er ihn zu Grunde gerichtet.

Während Weislingen in Augsburg Götzens Unter-gang schmiedet, sammeln sich die Freunde des Ritters um ihn. Sickingen hält um Marie an; Selbitz kommt, da er Jaxthausen in Gefahr weiss, mit fünfzig Mann;

auch Lerse, ein tapferer Krieger, der früher wider
Berlichingen gekämpft hat. Die kaiserlichen Truppen,
von Weislingen angeführt, wollen Götz zwingen sich
auf seine Burg zu flüchten und sich da zu vertheidigen.
Wie in Shakespeare wird auf der Bühne gefochten.
Selbitz wird im Kampf verwundet.

Eine Höhe mit einem Wartthurn.

Selbiz verwundet. Knechte.

Selbiz. Legt mich hieher und kehrt zu Götzen!

Erster Knecht. Laß uns bleiben, Herr! ihr braucht unser.

Selbiz. Steig' einer auf die Warte und seh', wie's geht.

Erster Knecht. Wie will ich hinauf kommen?

Zweiter Knecht. Steig' auf meine Schultern, da kannst du
die Lücke reichen und dir bis zur Öffnung hinauf helfen.

Erster Knecht (steigt hinauf). Ach, Herr!

Selbiz. Was siehest du?

Erster Knecht. Eure Reiter fliehen der Höhe zu.

Selbiz. Höllische Schurken! Ich wollt', sie stünden, und ich
hätt' eine Kugel vor'm Kopf. Reit' einer hin! und fluch' und
wetter' sie zurück. (Knecht ab.) Siehest du Götzen?

Knecht. Die drei schwarzen Federn seh' ich mitten im Ge=
tümmel.

Selbiz. Schwimm, braver Schwimmer! Ich liege hier!

Knecht. Ein weißer Federbusch, wer ist das?

Selbiz. Der Hauptmann.

Knecht. Götz drängt sich an ihn — bauz! Er stürzt.

Selbiz. Der Hauptmann?

Knecht. Ja, Herr.

Selbitz. Wohl! Wohl!

Knecht. Weh! Weh! Götzen seh' ich nicht mehr.

Selbitz. So stirb, Selbitz!

Knecht. Ein fürchterlich Gedräng, wo er stund. Georg's blauer Busch verschwind't auch.

Selbitz. Komm' herunter! Siehst du Lersen nicht?

Knecht. Nichts. Es geht alles drunter und drüber.

Selbitz. Nichts mehr! Komm! Wie halten sich Sickingen's Reiter.

Knecht. Gut. — Da flieht einer nach dem Wald. Noch einer! Ein ganzer Trupp. Götz ist hin!

Selbitz. Komm' herab!

Knecht. Ich kann nicht. — Wohl! Wohl! Ich sehe Götzen! Ich sehe Georgen!

Selbitz. Zu Pferd?

Knecht. Hoch zu Pferd! Sieg! Sieg! Sie fliehn.

Selbitz. Die Reichstruppen?

Knecht. Die Fahne mitten drin, Götz hintendrein. Sie zerstreuen sich. Götz erreicht den Fähndrich. — Er hat die Fahn' — er hält. Eine Hand voll Menschen um ihn herum. Mein Kamerad erreicht ihn. — Sie ziehn herauf.

Götz. Georg. Lerse. Ein Trupp.

Selbitz. Glück zu, Götz! Sieg! Sieg!

Götz (steigt vom Pferd). Theuer! Theuer! Du bist verwund't Selbitz?

Selbitz. Du lebst und siegst! Ich habe wenig gethan. Und meine Hunde von Reitern! Wie bist du davon gekommen?

Göß. Diesmal galt's! Und hier Georgen dank' ich das Leben, und hier Lerſen dank' ich's. Ich warf den Hauptmann vom Gaul. Sie ſtachen mein Pferd nieder und drangen auf mich ein. Georg hieb ſich zu mir und ſprang ab, ich wie der Blitz auf ſeinen Gaul, wie der Donner ſaß er auch wieder. Wie kamſt du zum Pferd?

Georg. Einem, der nach euch hieb, ſtieß ich meinen Dolch in die Gedärme, wie ſich ſein Harniſch in die Höhe zog. Er ſtürzt', und ich half euch von einem Feind und mir zu einem Pferde.

Göß. Nun ſtaken wir, bis Franz ſich zu uns hereinſchlug, und da mähten wir von innen heraus.

Lerſe. Die Hunde, die ich führte, ſollten von außen hinein mähen, bis ſich unſere Senſen begegnet hätten; aber ſie flohen wie Reichsknechte.

Göß. Es floh Freund und Feind. Nur du, kleiner Hauf, hielteſt mir den Rücken frei; ich hatte mit den Kerls vor mir genug zu thun. Der Fall ihres Hauptmanns half mir ſie ſchüt= teln, und ſie flohen. Ich habe ihre Fahne und wenig Ge= fangene.

Selbiß. Der Hauptmann iſt euch entwiſcht?

Göß. Sie hatten ihn inzwiſchen gerettet. Kommt, Kinder! kommt, Selbiß! — Macht eine Bahre von Aeſten; — du kannſt nicht auf's Pferd. Kommt in mein Schloß. Sie ſind zerſtreut. Aber unſer ſind wenig, und ich weiß nicht, ob ſie Truppen nachzuſchicken haben. Ich will euch bewirthen, meine Freunde. Ein Glas Wein ſchmeckt auf ſo einen Strauß.

———

Lager.

Hauptmann.

Ich möcht' euch alle mit eigener Hand umbringen! Was, fortlaufen! Er hatte keine Hand voll Leute mehr! Fortzulaufen, vor einem Mann! Es wird's Niemand glauben, als wer über uns zu lachen Lust hat. — Reit't herum, ihr, und ihr, und ihr. Wo ihr von unsern zerstreuten Knechten find't, bringt sie zurück oder stecht sie nieder. Wir müssen diese Scharten auswetzen, und wenn die Klingen drüber zu Grunde gehen sollten.

Jarthausen.

Götz. Lerse. Georg.

Götz. Wir dürfen keinen Augenblick säumen! Arme Jungen, ich darf euch keine Rast gönnen. Jagt geschwind herum und sucht noch Reiter aufzutreiben! Bestellt sie alle nach Weilern; da sind sie am sichersten. Wenn wir zögern, so ziehen sie mir vor's Schloß. (Die Zwei ab.) Ich muß Einen auf Kundschaft ausjagen. Es fängt an heiß zu werden und wenn es nur noch brave Kerle wären! aber so ist's die Menge. (Ab.)

Sickingen. Maria.

Maria. Ich bitte euch, lieber Sickingen, geht nicht von meinem Bruder! Seine Reiter, Selbitzens, eure, sind zerstreut; er ist allein. Selbitz ist verwundet auf sein Schloß gebracht, und ich fürchte Alles.

3

Sickingen. Seid ruhig! ich gehe nicht weg.

Götz kommt.

Götz. Kommt in die Kirch', der Pater wartet. Ihr sollt mir in einer Viertelstund' ein Paar sein.

Sickingen. Laßt mich hier!

Götz. In die Kirche sollt ihr jetzt.

Sickingen. Gern — und darnach?

Götz. Darnach sollt ihr eurer Wege gehen.

Sickingen. Götz!

Götz. Wollt ihr nicht in die Kirche?

Sickingen. Kommt, kommt!

Lager.

Hauptmann. Ritter.

Hauptmann. Wie viel sind's in allem?

Ritter. Hundert und fünfzig.

Hauptmann. Von vierhunderten! Das ist arg. Jetzt gleich auf und grad' gegen Jaxthausen zu, eh' er sich erholt und sich uns wieder in Weg stellt.

Jaxthausen.

Götz. Elisabeth. Maria. Sickingen.

Götz. Gott segne euch, geb' euch glückliche Tage, und behalte die, die er euch abzieht, für eure Kinder!

Elisabeth. Und die laß er sein, wie ihr seid : rechtschaffen! Und dann laßt sie werden was sie wollen.

Sickingen. Ich dank' euch. Und dank' euch, Maria. Ich führte euch an den Altar, und ihr sollt mich zur Glückseligkeit führen.

Maria. Wir wollen zusammen eine Pilgrimschaft nach diesem fremden gelobten Lande antreten.

Göz. Glück auf die Reise!

Maria. So ist's nicht gemeint, wir verlassen euch nicht.

Göz. Ihr sollt, Schwester.

Maria. Du bist sehr unbarmherzig, Bruder!

Göz. Und ihr zärtlicher als vorsehend.

Georg kommt.

Georg (heimlich). Ich kann niemand auftreiben. Ein Einziger war geneigt; darnach veränderte er sich und wollte nicht.

Göz (leise). Gut, Georg. Das Glück fängt mir an wetterwendisch zu werden. Ich ahnt's aber. (Laut.) Sickingen, ich bitt' euch, geht noch diesen Abend. Beredet Marie. Sie ist eure Frau. Laßt sie's fühlen. Wenn Weiber quer in unsere Unternehmungen treten, ist unser Feind im freien Feld sicherer, als sonst in der Burg.

Knecht kommt.

Knecht (leise). Herr, das Reichsfähnlein ist auf dem Marsch, grad' hieher, sehr schnell.

Göz. Ich hab' sie mit Ruthenstreichen geweckt! Wie viel sind ihrer?

Knecht. Ungefähr zweihundert. Sie können nicht zwei Stunden mehr von hier sein.

Göz. Noch über'm Fluß?

Knecht. Ja, Herr.

Göz. Wenn ich nur fünfzig Mann hätte, sie sollten mir nicht herüber. Hast du Lersen nicht gesehen?

Knecht. Nein, Herr.

Göz. Biet' Allen, sie sollen sich bereit halten. — Es muß geschieden sein, meine Lieben. Weine, meine gute Marie; es werden Augenblicke kommen, wo du dich freuen wirst. Es ist besser, du weinst an deinem Hochzeittag, als daß übergroße Freude der Vorbote künftiges Elends wäre. Lebt wohl, Marie! Lebt wohl, Bruder!

Maria. Ich kann nicht von euch, Schwester. Lieber Bruder, laß uns. Achtest du meinen Mann so wenig, daß du in dieser Extremität seine Hülfe verschmähst?

Göz. Ja, es ist weit mit mir gekommen. Vielleicht bin ich meinem Sturz nahe. Ihr beginnt heut zu leben, und ihr sollt euch von meinem Schicksal trennen. Ich hab' eure Pferde zu satteln befohlen. Ihr müßt gleich fort.

Maria. Bruder! Bruder!

Elisabeth (zu Sickingen). Gebt ihm nach! Geht!

Sickingen. Liebe Marie, laßt uns gehen!

Maria. Du auch? Mein Herz wird brechen.

Göz. So bleibt denn! In wenigen Stunden wird meine Burg umringt sein.

Maria. Weh! Weh!

Göz. Wir werden uns vertheidigen, so gut wir können.

Maria. Mutter Gottes, hab' Erbarmen mit uns!

Göz. Und am Ende werden wir sterben, oder uns ergeben. — Du wirst deinen edeln Mann mit mir in ein Schicksal geweint haben.

Maria. Du marterst mich.

Götz. Bleib'! Bleib! Wir werden zusammen gefangen werden. Sickingen, du wirst mit mir in die Grube fallen! Ich hoffte, du solltest mir heraushelfen.

Maria. Wir wollen fort. Schwester, Schwester!

Götz. Bringt sie in Sicherheit, und dann erinnert euch meiner! Schwester — liebe Schwester! (Küßt sie.)

Sickingen. Fort! Fort!

Götz. Noch einen Augenblick! — Ich seh' euch wieder. Tröstet euch! wir sehen uns wieder. (Sickingen, Maria ab).

Götz. Ich trieb sie, und da sie geht, möcht' ich sie halten. Elisabeth, du bleibst bei mir!

Elisabeth. Bis in den Tod!

Götz. Wen Gott lieb hat, dem geb' er so eine Frau!

Georg kommt.

Georg. Sie sind in der Nähe, ich habe sie vom Thurn gesehen. Die Sonne ging auf, und ich sah ihre Piken blinken. Wie ich sah, wollt' mir's nicht bänger werden, als einer Katze vor einer Armee Mäuse. Zwar wir spielen die Ratten.

Götz. Seht nach den Thorriegeln! Verrammelt's inwendig mit Balken und Steinen! (Georg ab.) Wir wollen ihre Geduld für'n Narren halten, und ihre Tapferkeit sollen sie mir an ihren eigenen Nägeln verkäuen. (Trompeter von außen.) Aha! ein rothröckiger Schurke, der uns die Frage vorlegen wird, ob wir Hundsfötter sein wollen. (Er geht an's Fenster.) Was soll's? (Man hört in der Ferne reden.)

Götz (in seinen Bart). Einen Strick um deinen Hals! (Trompeter redet fort.)

Götz. Beleidiger der Majeſtät! — Die Aufforderung hat ein Pfaff gemacht. (Trompeter endet.)

Götz (antwortet). Mich ergeben! Auf Gnad' und Ungnad'! Mit wem redet ihr! Bin ich ein Räuber! Sag' deinem Haupt= mann: Vor Ihro Kaiſerliche Majeſtät hab' ich, wie immer, ſchuldigen Reſpect. Er aber ſag's ihm, er kann mich — — — (Schmeißt das Fenſter zu).

Belagerung.

Küche.

Eliſabeth. Götz zu ihr.

Götz. Du haſt viel Arbeit, arme Frau.

Eliſabeth. Ich wollt', ich hätte ſie lang. Wir werden ſchwerlich lang aushalten können.

Götz. Wir hatten nicht Zeit, uns zu verſehen.

Eliſabeth. Und die vielen Leute, die ihr zeither geſpeiſt habt. Mit dem Wein ſind wir auch ſchon auf der Neige.

Götz. Wenn wir nur auf einen gewiſſen Punkt halten, daß ſie Capitulation vorſchlagen. Wir thun ihnen brav Abbruch. Sie ſchießen den ganzen Tag und verwunden unſere Mauern und knicken unſere Scheiben. Lerſe iſt ein braver Kerl; er ſchleicht mit ſeiner Büchſe herum; wo ſich einer zu nahe wagt, blaff! liegt er.

Knecht. Kohlen, gnädige Frau.

Götz. Was giebt's?

Knecht. Die Kugeln ſind alle; wir wollen neue gießen.

Götz. Wie ſteht's Pulver?

Knecht. So ziemlich. Wir ſparen unſere Schüſſe wohl aus.

Saal.

Lerse mit einer Kugelform. Knecht mit Kohlen.

Lerse. Stell' sie daher, und seht, wo ihr im Hause Blei kriegt. Inzwischen will ich hier zugreifen. (Hebt ein Fenster aus und schlägt die Scheiben ein.) Alle Vortheile gelten. — So geht's in der Welt, weiß kein Mensch, was aus den Dingen werden kann. Der Glaser, der die Scheiben faßte, dachte gewiß nicht, daß das Blei einem seiner Urenkel garstiges Kopfweh machen könnte !

Georg kommt mit einer Dachrinne.

Georg. Da hast du Blei. Wenn du nur mit der Hälfte triffst, so entgeht keiner, der Ihro Majestät ansagen kann: Herr, wir haben schlecht bestanden.

Lerse (haut davon). Ein brav Stück.

Georg. Der Regen mag sich einen andern Weg suchen! ich bin nicht bang davor; ein braver Reiter und ein rechter Regen kommen überall durch.

Lerse. (Er gießt.) Halt' den Löffel. (Geht an's Fenster.) Da zieht so ein Reichsknappe mit der Büchse herum; sie denken, wir haben uns verschossen. Er soll die Kugel versuchen, warm, wie sie aus der Pfanne kommt. (Lädt.)

Georg (lehnt den Löffel an). Laß mich sehen !

Lerse (schießt). Da liegt der Spatz.

Georg. Der schoß vorhin nach mir, (sie gießen) wie ich zum Dachfenster hinausstieg und die Rinne holen wollte. Er traf eine Taube, die nicht weit von mir saß, sie stürzt' in die Rinne; ich dankt' ihm für den Braten und stieg mit der doppelten Beute wieder herein.

Lerse. Nun wollen wir wohl laden, und im ganzen Schloß herum gehen, unſer Mittageſſen zu verdienen.

Gö§ kommt.

Gö§. Bleib', Lerſe! Ich habe mit dir zu reden! Dich, Georg, will ich nicht von deiner Jagd abhalten! (Georg ab.)

Gö§. Sie entbieten mir einen Vertrag.

Lerſe. Ich will zu ihnen hinaus, und hören, was es ſoll.

Gö§. Es wird ſein: ich ſoll mich auf Bedingungen in rit= terlich Gefängniß ſtellen.

Lerſe. Das iſt nichts. Wie wär's, wenn ſie uns freien Ab= zug eingeſtünden, da ihr doch von Sickingen keinen Entſa§ erwartet? Wir vergrüben Geld und Silber, wo ſie's mit keiner Wünſchelruthe finden ſollten, überließen ihnen das Schloß und kämen mit Manier davon.

Gö§. Sie laſſen uns nicht.

Lerſe. Es kommt auf eine Probe an. Wir wollen um ſicher Geleit rufen und ich will hinaus.

Lerse trachtet Götzens Freiheit zu erbitten, man erlaubt ihm und Georg mit Gewehr, Pferden und Rüstung abzuziehen; trotzdem greifen die Belagerer die Beiden an; Georg wird verwundet, Götz wird gefangen genommen und vor den kaiserlichen Rath gerufen. Er wird schnöde behandelt, aber vertheidigt sich muthig gegen seine feindseligen Ankläger. Man will ihn als Rebellen verurtheilen und seine Leute verhaften; er antwortet er sei ein treuer Unterthan des Kaisers und ist bereit seine Freiheit mit der Faust zu erkämpfen. Der Rath beschliesst sich seiner mit Gewalt zu bemächtigen.

Gerichtsdiener kommt.

Gerichtsdiener. Götz von Berlichingen wartet vor der Thür'.

Rath. Laßt ihn herein!

Götz kommt.

Götz. Gott grüß' euch, ihr Herren! Was wollt ihr mit mir?

Rath. Zuerst, daß ihr bedenkt, wo ihr seid, und vor wem.

Götz. Bei meinem Eid, ich verkenn' euch nicht, meine Herren.

Rath. Ihr thut eure Schuldigkeit.

Götz. Von ganzem Herzen.

Rath. Setzt euch.

Götz. Da unten hin? Ich kann stehen. Das Stühlchen riecht so nach armen Sündern, wie überhaupt die ganze Stube.

Rath. So steht!

Götz. Zur Sache, wenn's gefällig ist.

Rath. Wir werden in der Ordnung verfahren.

Götz. Bin's wohl zufrieden, wollt' es wär' von jeher geschehen.

Rath. Ihr wißt, wie ihr auf Gnad' und Ungnad' in unsere Hände kamt.

Götz. Was gebt ihr mir, wenn ich's vergesse?

Rath. Wenn ich euch Bescheidenheit geben könnte, würd' ich eure Sache gut machen.

Götz. Gut machen! Wenn ihr das könntet! Dazu gehört freilich mehr als zum Verderben.

Schreiber. Soll ich das Alles protokolliren?

Rath. Was zur Handlung gehört.

Götz. Meinetwegen dürft ihr's drucken lassen.

Rath. Ihr war't in der Gewalt des Kaisers, dessen väterliche Gnade an den Platz der majestätischen Gerechtigkeit trat, euch anstatt eines Kerkers Heilbronn, eine seiner geliebten Städte, zum Aufenthalt anwies. Ihr verspracht mit einem Eid euch, wie es einem Ritter geziemt, zu stellen, und das Weitere demüthig zu erwarten.

Götz. Wohl, und ich bin hier und warte.

Rath. Und wir sind hier, euch Ihro Kaiserlichen Majestät Gnade und Huld zu verkündigen. Sie verzeiht euch eure Uebertretungen, spricht euch von der Acht und aller wohlverdienten Strafe los, welches ihr mit unterthänigem Dank erkennen, und dagegen die Urfehde abschwören werdet, welche euch hiermit vorgelesen werden soll.

Götz. Ich bin Ihro Majestät treuer Knecht, wie immer. Noch ein Wort, eh' ihr weiter geht: Meine Leute, wo sind die? Was soll mit ihnen werden?

Rath. Das geht euch nichts an.

Götz. So wende der Kaiser sein Angesicht von euch, wenn ihr in Noth steckt! Sie waren meine Gesellen, und sind's. Wo habt ihr sie hingebracht?

Rath. Wir sind euch davon keine Rechnung schuldig.

Götz. Ah! Ich dachte nicht, daß ihr nicht einmal zu dem verbunden seid, was ihr versprecht, geschweige —

Rath. Unsere Commission ist, euch die Urfehde vorzulegen. Unterwerft euch dem Kaiser, und ihr werdet einen Weg finden, um eurer Gesellen Leben und Freiheit zu flehen.

Götz. Euern Zettel!

Rath. Schreiber, leset.

Schreiber. Ich Götz von Berlichingen bekenne öffentlich

durch diesen Brief: Daß, da ich mich neulich gegen Kaiser und Reich rebellischer Weise aufgelehnt —

Göz. Das ist nicht wahr. Ich bin kein Rebell, habe gegen Ihro Kaiserliche Majestät nichts verbrochen, und das Reich geht mich nichts an.

Rath. Mäßigt euch und hört weiter!

Göz. Ich will nichts weiter hören. Tret' Einer auf und zeuge! Hab' ich wider den Kaiser, wider das Haus Oesterreich nur einen Schritt gethan? Hab' ich nicht von jeher durch alle Handlungen gewiesen, daß ich besser als Einer fühle, was Deutschland seinem Regenten schuldig ist? und besonders was die Kleinen, die Ritter und Freien ihrem Kaiser schuldig sind? Ich müßte ein Schurke sein, wenn ich mich könnte bereden lassen, das zu unterschreiben.

Rath. Und doch haben wir gemessene Ordre, euch in der Güte zu überreden oder im Entstehungsfall euch in den Thurn zu werfen.

Göz. In Thurn? mich?

Rath. Und daselbst könnt ihr euer Schicksal von der Gerechtigkeit erwarten, wenn ihr es nicht aus den Händen der Gnade empfangen wollt.

Göz. In Thurn! Ihr mißbraucht die Kaiserliche Gewalt. In Thurn! Das ist sein Befehl nicht. Was! mir erst, die Verräther! eine Falle zu stellen, und ihren Eid, ihr ritterlich Wort zum Speck drin aufzuhängen! Mir dann ritterlich Gefängniß zusagen, und die Zusage wieder brechen!

Rath. Einem Räuber sind wir keine Treue schuldig.

Göz. Trügst du nicht das Ebenbild des Kaisers, das ich in dem gesudeltsten Conterfei verehre, du solltest mir den Räuber fressen oder dran erwürgen! Ich bin in einer ehr-

lichen Fehde begriffen. Du könntest Gott danken und dich vor
der Welt groß machen, wenn du in deinem Leben eine so edle
That gethan hättest, wie die ist, um welcher willen ich gefangen sitze. (Rath winkt dem Rathsherrn, der zieht die Schelle.)

Göz. Nicht um des leidigen Gewinnsts willen, nicht um
Land und Leute unbewehrten Kleinen wegzukapern, bin ich
ausgezogen. Meinen Jungen zu befreien, und mich meiner Haut
zu wehren! Seht ihr was Unrechts dran? Kaiser und Reich
hätten unsre Noth nicht in ihrem Kopfkissen gefühlt. Ich habe,
Gott sei Dank, noch Eine Hand, und habe wohl gethan, sie zu
brauchen.

(Bürger treten herein, Stangen in der Hand, Wehren an der Seite.)

Göz. Was soll das?

Rath. Ihr wollt nicht hören. Fangt ihn!

Göz. Ist das die Meinung? Wer kein Ungrischer Ochs
ist, komm' mir nicht zu nah! Er soll von dieser meiner rechten
eisernen Hand eine solche Ohrfeige kriegen, die ihm Kopfweh,
Zahnweh und alles Weh der Erden aus dem Grund curiren
soll. (Sie machen sich an ihn, er schlägt den Einen zu Boden, und reißt
einem Andere die Wehre von der Seite, sie weichen.) Kommt! Kommt!
Es wäre mir angenehm, den Tapfersten unter euch kennen zu
lernen.

Rath. Gebt nach!

Göz. Mit dem Schwert in der Hand! Wißt ihr, daß es
jetzt nur an mir läge, mich durch alle diese Hasenjäger durch-
zuschlagen und das weite Feld zu gewinnen? Aber ich will
euch lehren, wie man Wort hält. Versprecht mir ritterlich Gefängniß, und ich gebe mein Schwert weg und bin, wie vor-
her, euer Gefangener.

Rath. Mit dem Schwert in der Hand wollt ihr mit dem Kaiser rechten?

Götz. Behüte Gott! Nur mit euch und eurer edeln Compagnie. — Ihr könnt nach Hause gehen, gute Leute. Für die Versäumniß kriegt ihr nichts, und zu holen ist hier nichts als Beulen.

Rath. Greift ihn! Giebt euch eure Liebe zu euerm Kaiser nicht mehr Muth?

Götz. Nicht mehr, als ihnen der Kaiser Pflaster giebt, die Wunden zu heilen, die sich ihr Muth holen könnte.

Gerichtsdiener kommt.

Gerichtsdiener. Eben ruft der Thürner: Es zieht ein Trupp von mehr als zweihunderten nach der Stadt zu. Unversehens sind sie hinter der Weinhöhe hervorgedrungen, und drohen unsern Mauern.

Rathsherr. Wehe uns! Was ist das?

In dem Augenblick rückt Franz von Sickingen mit zweihundert Mann heran; er bedroht die Stadt zu plündern, wenn man Götzen nicht frei giebt.

———

Ein großer Saal auf dem Rathhaus.

Sickingen. Götz.

Das ganze Rathhaus ist mit Sickingen's Reitern besetzt.

Götz. Das war Hülfe vom Himmel! Wie kommst du so erwünscht und unvermuthet, Schwager?

Sickingen. Ohne Zauberei. Ich hatte zwei, drei Boten ausgeschickt, zu hören, wie dir's ginge? Auf die Nachricht von ihrem Meineid macht' ich mich auf den Weg. Nun haben wir sie.

Götz. Ich verlange nichts als ritterliche Haft.

Sickingen. Du bist zu ehrlich. Dich nicht einmal des Vortheils zu bedienen, den der Rechtschaffene über den Meineidigen hat! Sie sitzen im Unrecht, wir wollen ihnen keine Kissen unterlegen. Sie haben die Befehle des Kaisers schändlich mißbraucht. Und wie ich Ihro Majestät kenne, darfst du sicher auf mehr dringen. Es ist zu wenig.

Götz. Ich bin von jeher mit Wenigem zufrieden gewesen.

Sickingen. Und bist von jeher zu kurz gekommen. Meine Meinung ist, sie sollen deine Knechte aus dem Gefängniß ziehen lassen. Du magst versprechen, nicht aus deiner Terminei zu gehen, und wirst immer besser sein als hier.

Götz. Sie werden sagen, meine Güter seien dem Kaiser heimgefallen.

Sickingen. So sagen wir: du wolltest zur Miethe drin wohnen, bis sie dir der Kaiser wieder zu Lehn gäbe. Laß sie sich wenden, wie Aele in der Reuse, sie sollen uns nicht entschlüpfen. Sie werden von Kaiserlicher Majestät reden, von ihrem Auftrag. Das kann uns einerlei sein. Ich kenne den Kaiser auch, und gelte was bei ihm. Er hat immer gewünscht, dich unter seinem Heer zu haben. Du wirst nicht lang auf deinem Schlosse sitzen, so wirst du aufgerufen werden.

Götz. Wollte Gott bald, eh' ich's Fechten verlerne!

Sickingen. Der Muth verlernt sich nicht, wie er sich nicht lernt. Sorge für Nichts! Wenn deine Sachen in Ordnung sind, geh' ich nach Hof: denn meine Unternehmung fängt an

reif zu werden. Günstige Aspecten deuten mir: Brich auf!
Es ist mir nichts übrig, als die Gesinnung des Kaisers zu
sondiren. Trier und Pfalz vermuthen ehe des Himmels Ein=
fall, als daß ich ihnen über'n Kopf kommen werde. Und ich
will kommen wie ein Hagelwetter! Und wenn wir unser Schick=
sal machen können, so sollst du bald der Schwager eines Chur=
fürsten sein. Ich hoffte auf deine Faust bei dieser Unter=
nehmung.

Götz (besieht seine Hand). O! das deutet der Traum, den ich
hatte, als ich Tags drauf Marien an Weislingen versprach.
Er sagte mir Treu' zu, und hielt meine rechte Hand so fest,
daß sie aus den Armschienen ging, wie abgebrochen. Ach! Ich
bin in diesem Augenblicke wehrloser, als ich war, da sie mir
abgeschossen wurde. Weislingen! Weislingen!

Sickingen. Vergiß einen Verräther! Wir wollen seine An=
schläge vernichten, sein Ansehen untergraben, und Gewissen
und Schande sollen ihn zu Tode fressen. Ich seh', ich seh' im
Geist meine Feinde, deine Feinde niedergestürzt. Götz, nur
noch ein halb Jahr!

Götz. Deine Seele fliegt hoch. Ich weiß nicht, seit einiger
Zeit wollen sich in der meinigen keine fröhliche Aussichten
eröffnen. — Ich war schon mehr im Unglück, schon einmal
gefangen, und so wie mir's jetzt ist, war mir's niemals.

Sickingen. Glück macht Muth. Kommt zu den Perrücken!
Sie haben lang genug den Vortrag gehabt, laß uns einmal
die Mühe übernehmen.   (Ab.)

Trotz der unverhofften Dazwischenkunft von Sickingen, wird Götz verurtheilt auf Jaxthausen zu blei-

ben, um dort in Ruhe sein Leben zu fristen. Elisabeth
trachtet ihn mit dem Gedanken zu trösten, dass er
seine Geschichte schreiben kann, aber er bedauert
nicht mehr in's freie Leben eingreifen zu können.
Lerse und Georg erzählen ihm dass die Bauern sich
empören; sie sengen, brennen und morden in Schwaben. Im folgenden Auftritt sieht man Tumult im Dorf
und Plünderung; Weiber, Alte, Kinder fliehen mit
Gepäck. Bauern kommen von allen Seiten und erzählen ihre Mordthaten; einen Anführer möchten sie
haben, und bitten Götz ihr Hauptmann zu sein. Er
weigert sich erst, dann entschliesst er sich sie ein
Vierteljahr zu befehligen, wenn sie versprechen abzu-
stehen von allen Uebelthaten. Sie gehen den Vertrag
ein mit dem Eid ihn an alle Haufen zu senden; er
selbst schickt Lerse zu seiner Frau.

Jarthausen.

Elisabeth. Lerse.

Lerse. Tröstet euch, gnädige Frau!

Elisabeth. Ach Lerse, die Thränen stunden ihm in den
Augen, wie er Abschied von mir nahm. Es ist grausam,
grausam!

Lerse. Er wird zurückkehren.

Elisabeth. Es ist nicht das. Wenn er auszog, rühmlichen
Sieg zu erwerben, da war mir's nicht weh um's Herz. Ich
freute mich auf seine Rückkunft, vor der mir jetzt bang ist.

Lerse. Ein so edler Mann —

Elisabeth. Nenn' ihn nicht so! das macht neu Elend. Die
Bösewichter! Sie drohten ihn zu ermorden und sein Schloß

anzuzünden. — Wenn er wiederkommen wird — ich seh' ihn
finster, finster. Seine Feinde werden lügenhafte Klagartikel
schmieden, und er wird nicht sagen können: Nein!

Lerse. Er wird und kann.

Elisabeth. Er hat seinen Bann gebrochen. Sag' Nein!

Lerse. Nein! Er ward gezwungen; wo ist der Grund,
ihn zu verdammen?

Elisabeth. Die Bosheit sucht keine Gründe, nur Ursachen.
Er hat sich zu Rebellen, Missethätern, Mördern gesellt, ist an
ihrer Spitze gezogen. Sag' Nein!

Lerse. Laßt ab euch zu quälen und mich! Haben sie ihm
nicht feierlich zugesagt, keine Thathandlungen mehr zu unter=
nehmen wie die bei Weinsberg? Hört' ich sie nicht selbst halb
reuig sagen: Wenn's nicht geschehen wär', geschäh's vielleicht
nie. Müßten nicht Fürsten und Herren ihm Dank wissen, wenn
er freiwillig Führer eines unbändigen Volks geworden wäre,
um ihrer Raserei Einhalt zu thun und so viel Menschen und
Besitzthümer zu schonen?

Elisabeth. Du bist ein liebevoller Advocat. — Wenn sie
ihn gefangen nähmen, als Rebell behandelten, und sein graues
Haupt — Lerse, ich möchte von Sinnen kommen.

Lerse (für sich). Sende ihrem Körper Schlaf, lieber Vater
der Menschen, wenn du ihrer Seele keinen Trost geben willst!

Elisabeth. Georg hat versprochen Nachricht zu bringen.
Er wird auch nicht dürfen, wie er will. Sie sind ärger als
gefangen. Ich weiß, man bewacht sie wie Feinde. Der gute
Georg! Er wollte nicht von seinem Herren weichen.

Lerse. Das Herz blutete mir, wie er mich von sich schickte.
Wenn ihr nicht meiner Hülfe bedürftet, alle Gefahren des
schmählichsten Todes sollten mich nicht von ihm getrennt haben.

4

Elifabeth. Ich weiß nicht, wo Sickingen ist. Wenn ich nur Marien einen Boten schicken könnte!

Lerfe. Schreibt nur! ich will dafür sorgen. (Ab.)

Bei einem Dorf.

Götz. Georg.

Götz. Geschwind zu Pferde, Georg! ich sehe Miltenberg brennen. Halten sie so den Vertrag! Reit' hin, sag' ihnen die Meinung! Die Mordbrenner! Ich sage mich von ihnen los. Sie sollen einen Zigeuner zum Hauptmann machen, nicht mich. Geschwind, Georg! (Georg ab.) Wollt', ich wäre tausend Meilen davon, und läg' im tiefsten Thurn, der in der Türkei steht. Könnt' ich mit Ehren von ihnen kommen! Ich fahr' ihnen alle Tage durch den Sinn, sag' ihnen die bittersten Wahrheiten, daß sie mein müd werden und mich erlassen sollen.

Ein Unbekannter.

Unbekannter. Gott grüß' euch, sehr edler Herr.

Götz. Gott dank' euch! Was bringt ihr? Euern Namen?

Unbekannter. Der thut nichts zur Sache. Ich komme, euch zu sagen, daß euer Kopf in Gefahr ist. Die Anführer sind müde, sich von euch so harte Worte geben zu lassen, haben beschlossen, euch aus dem Wege zu räumen. Mäßigt euch, oder seht zu entwischen und Gott geleit' euch. (Ab.)

Götz. Auf diese Art dein Leben zu lassen, Götz, und so zu enden! Es sei drum! So ist mein Tod der Welt das sicherste Zeichen, daß ich nichts Gemeines mit den Hunden gehabt habe.

Einige Bauern.

Erster Bauer. Herr, Herr! Sie sind geschlagen, sie sind gefangen.

Götz. Wer?

Zweiter Bauer. Die Miltenberg verbrannt haben. Es zog sich ein Bündischer Trupp hinter dem Berg hervor und über- fiel sie auf einmal.

Götz. Sie erwartet ihr Lohn. — O Georg! Georg! — Sie haben ihn mit den Bösewichtern gefangen! Mein Georg! Mein Georg!

Anführer kommen.

Link. Auf, Herr Hauptmann, auf! Es ist nicht Säumens Zeit. Der Feind ist in der Nähe und mächtig.

Götz. Wer verbrannte Miltenberg?

Metzler. Wenn ihr Umstände machen wollt, so wird man euch weisen, wie man keine macht.

Kohl. Sorgt für unsere Haut und eure. Auf! Auf!

Götz (zu Metzler). Drohst du mir? Du Nichtswürdiger! Glaubst du, daß du mir fürchterlicher bist, weil des Grafen von Helfenstein Blut an deinen Kleidern klebt?

Metzler. Berlichingen!

Götz. Du darfst meinen Namen nennen, und meine Kinder werden sich dessen nicht schämen.

Metzler. Mit dir feigem Kerl! Fürstendiener!

(Götz haut ihn über den Kopf, daß er stürzt; die andern treten dazwischen.)

Kohl. Ihr seid rasend. Der Feind bricht auf allen Seiten 'rein, und ihr hadert!

Link. Auf! Auf! (Tumult und Schlacht.)

Weislingen. Reiter.

Weislingen. Nach! Nach! Sie fliehen. Laßt euch Regen und Nacht nicht abhalten! Götz ist unter ihnen, hör' ich. Wendet Fleiß an, daß ihr ihn erwischt! Er ist schwer verwundet, sagen die Unsrigen. (Die Reiter ab.) Und wenn ich dich habe! — Es ist noch Gnade, wenn wir heimlich im Gefängniß dein Todesurtheil vollstrecken. — So verlischt er vor dem Andenken der Menschen, und du kannst freier athmen, thörichtes Herz. (Ab.)

Nacht, im wilden Wald.

Zigeunerlager.

Zigeunermutter und Tochter.

Mutter (am Feuer). Flick' das Strohdach über der Grube, Tochter! giebt hint Nacht noch Regen genug.

Knabe kommt.

Knabe. Ein Hamster, Mutter! Da, zwei Feldmäus!

Mutter. Will sie dir abziehen und braten, und sollst eine Kapp' haben von den Fellchen. — Du blutst?

Knabe. Hamster hat mich bissen.

Mutter. Hol' mir dürr Holz, daß das Feuer loh brennt, wenn dein Vater kommt; wird naß sein durch und durch.

Andere Zigeunerin, ein Kind auf dem Rücken.

Erste Zigeunerin. Hast du brav geheischen?

Zweite Zigeunerin. Wenig genug, das Land ist voll Tu=

mult herum, daß man sein's Lebens nicht sicher ist. Brennen zwei Dörfer lichterloh.

Erste Zigeunerin. Ist das dort drunten Brand, der Schein? Seh' ihm schon lang zu. Man ist der Feuerzeichen am Himmel zeither so gewohnt worden.

Zigeunerhauptmann, drei Gesellen kommen.

Hauptmann. Hört ihr den wilden Jäger?

Erste Zigeunerin. Er zieht grab' über uns hin.

Hauptmann. Wie die Hunde bellen! Wau! Wau!

Zweiter Zigeuner. Die Peitschen knallen!

Dritter Zigeuner. Die Jäger jauchzen holla ho!

Mutter. Bringt ja des Teufels sein Gepäck!

Hauptmann. Haben im Trüben gefischt. Die Bauern rauben selbst, ist's uns wohl vergönnt.

Zweite Zigeunerin. Was hast du, Wolf?

Wolf. Einen Hasen, da, und einen Hahn; ein'n Bratspieß; ein Bündel Leinwand; drei Kochlöffel und ein'n Pferdezaum.

Schricks. Ein' wullen Deck' hab' ich, ein paar Stiefeln, und Zunder und Schwefel.

Mutter. Ist alles pudelnaß, wollen's trocknen; gebt her!

Hauptmann. Horch, ein Pferd! Geht! Seht, was ist!

Götz zu Pferd.

Götz. Gott sei Dank! Dort seh' ich Feuer, sind Zigeuner. Meine Wunden verbluten, die Feinde hinterher. Heiliger Gott, Du endigst gräßlich mit mir.

Hauptmann. Ist's Friede, daß du kommst?

Götz. Ich flehe Hülfe von euch. Meine Wunden ermatten mich. Helft mir vom Pferd!

Hauptmann. Helf' ihm! Ein edler Mann, an Gestalt und Wort.

Wolf (leise.) Es ist Götz von Berlichingen.

Hauptmann. Seid willkommen! Alles ist euer, was wir haben.

Götz. Dank' euch.

Hauptmann. Kommt in mein Zelt!

Hauptmanns Zelt.

Hauptmann. Götz.

Hauptmann. Ruft der Mutter, sie soll Blutwurzel bringen und Pflaster. (Götz legt den Harnisch ab.)

Hauptmann. Hier ist mein Feiertagswamms.

Götz. Gott lohn's! (Mutter kommt und verbindet ihn.)

Hauptmann. Ist mir herzlich lieb, euch zu haben.

Götz. Kennt ihr mich?

Hauptmann. Wer sollte euch nicht kennen! Götz, unser Leben und Blut lassen wir für euch.

Schricks kommt.

Schricks. Kommen durch den Wald Reiter. Sind Bündische.

Hauptmann. Eure Verfolger! Sie sollen nit bis zu euch kommen. Auf, Schricks! Biete den Andern! Wir kennen die Schliche besser als sie, wir schießen sie nieder, eh' sie uns gewahr werden.

Götz (allein.) O Kaiser! Kaiser! Räuber beschützen deine Kinder. (Man hört scharf schießen.) Die wilden Kerls, starr und treu!

Zigeunerin kommt.

Zigeunerin. Rettet euch! Die Feinde überwältigen.

Götz. Wo ist mein Pferd?

Zigeunerin. Hier bei.

Götz (gürtet sich und sitzt auf ohne Harnisch.) Zum letztenmal sollen sie meinen Arm fühlen. Ich bin so schwach noch nicht. (Ab.)

Zigeunerin. Er sprengt zu den Unsrigen.   (Flucht.)

Wolf. Fort! Fort! Alles verloren. Unser Hauptmann erschossen. Götz gefangen. (Geheul der Weiber und Flucht.)

Während Götz vergebens ficht, lässt Weislingen Adelheit von Walldorf gebieten sich auf ihr Schloss zu begeben und seiner zu harren. Aber Adelheid will am Hof bleiben und sie gewinnt ihres Mannes Diener; Franz lässt sich bereden seinem Herrn Gift zu reichen und das Getränk fängt an rasch zu wirken.

———

Weislingen's Schloß.

Weislingen.

Ich bin so krank, so schwach. Alle meine Gebeine sind hohl. Ein elendes Fieber hat das Mark ausgefressen. Keine Ruh' und Rast, weder Tag noch Nacht. Im halben Schlummer giftige Träume. Die vorige Nacht begegnete ich Götzen im Wald. Er zog sein Schwert und forderte mich heraus. Ich faßte nach meinem, die Hand versagte mir. Da stieß er's in die Scheide, sah mich verächtlich an und ging hinter mich. — Er ist gefangen, und ich zittre vor ihm. Elender Mensch!

dein Wort hat ihn zum Tode verurtheilt, und du bebst vor
seiner Traumgestalt, wie ein Missethäter! — Und soll er
sterben? — Götz! Götz! — Wir Menschen führen uns nicht
selbst; bösen Geistern ist Macht über uns gelassen, daß sie
ihren höllischen Muthwillen an unserm Verderben üben. (Setzt
sich.) — Matt! Matt! Wie sind meine Nägel so blau! —
Ein kalter, kalter, verzehrender Schweiß lähmt mir jedes
Glied. Es dreht mir Alles vor'm Gesicht. Könnt' ich schlafen!
Ach! —

Maria tritt auf.

Weislingen. Jesus Marie! — Laß mir Ruh'! Laß mir
Ruh'! — Die Gestalt fehlte noch! Sie stirbt, Marie stirbt,
und zeigt sich mir an. — Verlaß mich, seliger Geist! ich bin
elend genug.

Maria. Weislingen, ich bin kein Geist. Ich bin Marie.

Weislingen. Das ist ihre Stimme.

Maria. Ich komme, meines Bruders Leben von dir zu er-
flehen. Er ist unschuldig, so strafbar er scheint.

Weislingen. Still, Marie! Du Engel des Himmels bringst
die Qualen der Hölle mit dir. Rede nicht fort!

Maria. Und mein Bruder soll sterben? Weislingen, es ist
entsetzlich, daß ich dir zu sagen brauche: er ist unschuldig!
daß ich jammern muß, dich von dem abscheulichsten Morde
zurückzuhalten. Deine Seele ist bis in ihre innersten Tiefen
von feindseligen Mächten besessen. Das ist Adelbert!

Weislingen. Du siehst, der verzehrende Athem des Todes
hat mich angehaucht, meine Kraft sinkt nach dem Grabe.
Ich stürbe als ein Elender, und du kommst, mich in Ver-
zweiflung zu stürzen. Wenn ich reden könnte, dein höchster

Haß würde in Mitleid und Jammer zerschmelzen. O Marie! Marie!

Maria. Weislingen, mein Bruder verkrankt im Gefängniß. Seine schweren Wunden, sein Alter! Und wenn du fähig wärst, sein graues Haupt — Weislingen, wir würden verzweifeln.

Weislingen. Genug! (Zieht die Schelle.)

Franz, in äußerster Bewegung.

Franz. Gnädiger Herr?

Weislingen. Die Papiere dort, Franz! (Franz bringt sie.)

Weislingen (reißt ein Packet auf und zeigt Marien ein Papier.) Hier ist deines Bruders Todesurtheil unterschrieben.

Maria. Gott im Himmel!

Weislingen. Und so zerreiß' ich's! Er lebt. Aber kann ich wieder schaffen, was ich zerstört habe? Weine nicht so, Franz! Guter Junge, dir geht mein Elend tief zu Herzen. (Franz wirft sich vor ihm nieder und faßt seine Kniee.)

Maria (für sich). Er ist sehr krank! Sein Anblick zerreißt mir das Herz. Wie lieb' ich ihn! und nun ich ihm nahe, fühl' ich, wie lebhaft.

Weislingen. Franz, steh' auf und laß das Weinen! Ich kann wieder aufkommen. Hoffnung ist bei den Lebenden.

Franz. Ihr werdet nicht. Ihr müßt sterben.

Weislingen. Ich muß?

Franz (außer sich). Gift! Gift! Von euerm Weibe! — Ich! Ich! (Rennt davon.)

Weislingen. Marie, geh' ihm nach. Er verzweifelt. (Maria ab.) Gift von meinem Weibe! Weh! Weh! Ich fühl's. Marter und Tod!

Maria (inwendig). Hülfe! Hülfe!

Weislingen (will aufstehen). Gott, vermag ich das nicht!

Maria (kommt). Er ist hin. Zum Saalfenster hinaus stürzt' er wüthend in den Main hinunter.

Weislingen. Ihm ist wohl. — Dein Bruder ist außer Gefahr. Die übrigen Commissarien, Seckendorf besonders, sind seine Freunde. Ritterlich Gefängniß werden sie ihm auf sein Wort gleich gewähren. Leb' wohl, Maria, und geh!

Maria. Ich will bei dir bleiben, armer Verlaßner.

Weislingen. Wohl verlassen und arm! Du bist ein furchtbarer Rächer, Gott! — Mein Weib —

Maria. Entschlage dich dieser Gedanken! Kehre dein Herz zu dem Barmherzigen!

Weislingen. Geh', liebe Seele, überlaß mich meinem Elend. — Entsetzlich! Auch deine Gegenwart, Marie, der letzte Trost, ist Qual.

Maria (für sich). Stärke mich, o Gott! Meine Seele erliegt mit der seinigen.

Weislingen. Weh! Weh! Gift von meinem Weibe! — Wie sie wartet, horcht auf den Boten, der ihr die Nachricht bringe: er ist todt. Und du Marie! Marie! warum bist du gekommen, daß du jede schlafende Erinnerung meiner Sünden wecktest! Verlaß mich! Verlaß mich, daß ich sterbe!

Maria. Laß mich bleiben! Du bist allein. Denk', ich sei deine Wärterin. Vergiß Alles! Vergesse dir Gott so Alles, wie ich dir Alles vergesse.

Weislingen. Du Seele voll Liebe, bete für mich, bete für mich! Mein Herz ist verschlossen.

Maria. Er wird sich deiner erbarmen. — Du bist matt.

Weislingen. Ich sterbe, sterbe, und kann nicht ersterben.

Und in dem fürchterlichen Streit des Lebens und Todes sind die Qualen der Hölle.

Maria. Erbarmer, erbarme dich seiner! Nur einen Blick deiner Liebe an sein Herz, daß es sich zum Trost öffne und sein Geist Hoffnung, Lebenshoffnung in den Tod hinüberbringe.

Heilbronn, im Thurn.

Götz. Elisabeth.

Elisabeth. Ich bitte dich, lieber Mann, rede mit mir. Dein Stillschweigen ängstet mich. Du verglühst in dir selbst. Komm', laß uns nach deinen Wunden sehen; sie bessern sich um Vieles. In der muthlosen Finsterniß erkenn' ich dich nicht mehr.

Götz. Suchtest du den Götz? Der ist lang hin. Sie haben mich nach und nach verstümmelt, meine Hand, meine Freiheit, Güter und guten Namen. Mein Kopf, was ist an dem? — Was hört ihr von Georgen? Ist Lerse nach Georgen?

Elisabeth. Ja, Lieber! Richtet euch auf! es kann sich Vieles wenden.

Götz. Wen Gott niederschlägt, der richtet sich selbst nicht auf. Ich weiß am Besten, was auf meinen Schultern liegt. Unglück bin ich gewohnt zu dulden. Und jetzt ist's nicht Weislingen allein, nicht die Bauern allein, nicht der Tod des Kaisers und meine Wunden — es ist Alles zusammen. Meine Stunde ist kommen. Ich hoffte, sie sollte sein wie mein Leben. Sein Wille geschehe!

Elisabeth. Willst du nicht was essen?

Göz. Nichts, meine Frau. Sieh, wie die Sonne draußen scheint.

Elisabeth. Ein schöner Frühlingstag.

Göz. Meine Liebe, wenn du den Wächter bereden könntest, mich in sein klein Gärtchen zu lassen auf eine halbe Stunde, daß ich der lieben Sonne genösse, des heitern Himmels und der reinen Luft.

Elisabeth. Gleich! und er wird's wohl thun.

———

Gärtchen am Thurn.

Maria. Lerse.

Maria. Geh' hinein und sieh', wie's steht. (Lerse ab.)

Elisabeth. Wächter.

Elisabeth. Gott vergelt' euch die Lieb' und Treu' an meinem Herrn! (Wächter ab.) Maria, was bringst du?

Maria. Meines Bruders Sicherheit. Ach, aber mein Herz ist zerrissen. Weislingen ist todt, vergiftet von seinem Weibe. Mein Mann ist in Gefahr. Die Fürsten werden ihm zu mächtig; man sagt, er sei eingeschlossen und belagert.

Elisabeth. Glaubt dem Gerüchte nicht! Und laßt Götzen nichts merken!

Maria. Wie steht's um ihn?

Elisabeth. Ich fürchtete, er würde deine Rückkunft nicht erleben. Die Hand des Herrn liegt schwer auf ihm. Und Georg ist todt.

Maria. Georg! der goldne Junge!

Elisabeth. Als die Nichtswürdigen Miltenberg verbrannten, sandte ihn sein Herr, ihnen Einhalt zu thun. Da fiel ein Trupp Bündischer auf sie los. — Georg! hätten sie sich Alle gehalten wie er! Sie hätten Alle das gute Gewissen haben müssen. Viel wurden erstochen, und Georg mit: er starb einen Reiterstod.

Maria. Weiß es Götz?

Elisabeth. Wir verbergen's vor ihm. Er fragt mich zehnmal des Tags, und schickt mich zehnmal des Tags, zu forschen, was Georg macht. Ich fürchte, seinem Herzen diesen letzten Stoß zu geben.

Maria. O Gott, was sind die Hoffnungen dieser Erden!

Götz. Lerse. Wächter.

Götz. Allmächtiger Gott! wie wohl ist's einem unter deinem Himmel! Wie frei! — Die Bäume treiben Knospen, und alle Welt hofft. Lebt wohl, meine Lieben! Meine Wurzeln sind abgehauen, meine Kraft sinkt nach dem Grabe.

Elisabeth. Darf ich Lersen nach deinem Sohn in's Kloster schicken, daß du ihn noch einmal siehst und segnest?

Götz. Laß ihn! er ist heiliger als ich, er braucht meinen Segen nicht. — An unserm Hochzeittag, Elisabeth, ahnte mir's nicht, daß ich so sterben würde. — Mein alter Vater segnete uns, und eine Nachkommenschaft von edeln, tapfern Söhnen quoll aus seinem Gebet. Du hast ihn nicht erhört, und ich bin der Letzte. — Lerse, dein Angesicht freut mich in der Stunde des Todes mehr als im muthigsten Gefecht. Damals führte mein Geist den eurigen; jetzt hältst du mich aufrecht. Ach, daß ich Georgen noch einmal sähe, mich an seinem Blick wärmte! — Ihr seht zur Erden und weint. — Er ist todt — Georg ist todt. — Stirb, Götz! — Du hast dich selbst überlebt, die Edeln überlebt. — Wie starb er? Ach, fingen sie ihn unter den Mordbrennern, und er ist hinge= richtet?

Elisabeth. Nein, er wurde bei Miltenberg erstochen. Er wehrte sich wie ein Löw' um seine Freiheit.

Göß. Gott sei Dank! — Er war der beste Junge unter der Sonne und tapfer. — Löse meine Seele nun! — Arme Frau! Ich lasse dich in einer verderbten Welt. Lerse, verlaß sie nicht! — Schließt eure Herzen sorgfältiger als eure Thore. Es kommen die Zeiten des Betrugs, es ist ihm Frei= heit gegeben. Die Nichtswürdigen werden regieren mit List, und der Edle wird in ihre Netze fallen. Marie, gebe dir Gott deinen Mann wieder! Möge er nicht so tief fallen, als er hoch gestiegen ist! Selbiß starb, und der gute Kaiser, und mein Georg. — Gebt mir einen Trunk Wasser! — Himmlische Luft! — Freiheit! Freiheit! (Er stirbt.)

Elisabeth. Nur droben, droben bei dir. Die Welt ist ein Gefängniß.

Maria. Edler Mann! Edler Mann! Wehe dem Jahr= hundert, das dich von sich stieß!

Lerse. Wehe der Nachkommenschaft, die dich verkennt!

Ende.

VERSAILLES. — IMPRIMERIE CERF ET FILS, 59, RUE DUPLESSIS.

LIBRAIRIE LÉOPOLD CERF, 13, RUE DE MÉDICIS, PARIS.

CLASSIQUES ALLEMANDS

DEUTSCHES LESEBUCH

RECUEIL DE MORCEAUX CHOISIS

POUR LES CLASSES DE TROISIÈME ET DE SECONDE, LES ÉCOLES NORMALES
PRIMAIRES ET L'ENSEIGNEMENT DES JEUNES FILLES

Par J. FIRMERY

Professeur à la Faculté des Lettres de Lyon.

In-18.......... .... **1 fr. 50**

GŒTHE

HERMANN ET DOROTHÉE

ÉDITION NOUVELLE AVEC INTRODUCTION ET COMMENTAIRE

Par Arthur CHUQUET

*Ancien élève de l'École normale supérieure
Agrégé de l'Université, Lauréat de l'Académie française
Maître de Conférences à l'École normale supérieure.*

Joli volume in-18 cartonné........... .... **1 fr. 50**

GŒTZ VON BERLICHINGEN

ÉDITION NOUVELLE AVEC INTRODUCTION ET COMMENTAIRE

Par Arthur CHUQUET

Joli volume in-18 cartonné à l'anglaise..... **2 fr. 50**

SCHILLER

LE CAMP DE WALLENSTEIN

ÉDITION NOUVELLE AVEC INTRODUCTION ET COMMENTAIRE

Par Arthur CHUQUET

Joli volume cartonné... ... . **1 fr. 50**

LIBRAIRIE LÉOPOLD CERF, 13, RUE DE MÉDICIS, PARIS.

LITTÉRATURE ÉTRANGÈRE

TABLEAU DE LA LITTÉRATURE ALLEMANDE
Par A. LANGE
Professeur au Lycée Louis-le-Grand
Maître de Conférences à la Sorbonne.
Ce volume fait partie de la Nouvelle Collection Illustrée à **1** franc.

TABLEAU DE LA LITTÉRATURE ANGLAISE
Par Léon BOUCHER
Professeur à la Faculté des Lettres de Besançon
Ce volume fait partie de la Nouvelle Collection Illustrée à **1** franc.

LA LITTÉRATURE ANGLAISE AU XVIIIᵉ SIÈCLE
Par T. S. PERRY
Traduit et adapté de l'anglais par L. LEMARQUIS
Professeur au Lycée de Bar-le-Duc
Un volume grand in-18............... **3 fr. 50**

LE MONDE SLAVE AU XIXᵉ SIÈCLE
LEÇON D'OUVERTURE DU COURS DE LANGUES ET LITTÉRATURES D'ORIGINE SLAVE
PROFESSÉ AU COLLÈGE DE FRANCE
Par M. Louis LEGER
Une brochure in-8º .... **1 fr.**

ÉTUDES SUR LA RUSSIE
PAR A. WYROUBOFF

Le Communisme en Russie, grand in-8º..... .... **1** fr.
Le Clergé russe, brochure grand in-8º..................... **1** fr.
Lettres de Russie, brochure grand in-8º.................... **1** fr.
De l'ivrognerie en Russie, grand in-8º.................... **1** fr.
Deux mois entre l'Europe et l'Asie, in-8º .... **1** fr.
La Russie sceptique, brochure grand in-8º................. **1** fr.
Le Prolétariat en Russie, grand in-8º..................... **1** fr.
L'Agriculture. — Son évolution, son avenir, grand in-8º ...... **1** fr.

LIBRAIRIE LÉOPOLD CERF, 13, RUE DE MÉDICIS, PARIS.

CLASSIQUES ALLEMANDS

DEUTSCHES LESEBUCH

RECUEIL DE MORCEAUX CHOISIS

POUR LES CLASSES DE TROISIÈME ET DE SECONDE, LES ÉCOLES NORMALES
PRIMAIRES ET L'ENSEIGNEMENT DES JEUNES FILLES

Par J. FIRMERY

Professeur à la Faculté des Lettres de Lyon.

In-18...................................... 1 fr. 50

GŒTHE

HERMANN ET DOROTHÉE

ÉDITION NOUVELLE AVEC INTRODUCTION ET COMMENTAIRE

Par Arthur CHUQUET

Ancien élève de l'École normale supérieure
Agrégé de l'Université, Lauréat de l'Académie française
Maître de Conférences à l'École normale supérieure.

Joli volume in-18 cartonné........................ 1 fr. 50

GŒTZ VON BERLICHINGEN

ÉDITION NOUVELLE AVEC INTRODUCTION ET COMMENTAIRE

Par Arthur CHUQUET

Joli volume in-18 cartonné à l'anglaise..... 2 fr. 50

SCHILLER

LE CAMP DE WALLENSTEIN

ÉDITION NOUVELLE AVEC INTRODUCTION ET COMMENTAIRE

Par Arthur CHUQUET

Joli volume cartonné............ 1 fr. 50

www.ingramcontent.com/pod-product-compliance
Lightning Source LLC
LaVergne TN
LVHW022130080426
835511LV00007B/1094